AF309542

# ÉDUCATION NOUVELLE

# À

# L'ÉCOLE DE GUYENNE

## Par Ernest PICARD

ANCIEN DIRECTEUR A L'ÉCOLE DES ROCHES

Préface d'Edmond DEMOLINS

L'ÉCOLE DE GUYENNE — LA GRANDE PELOUSE ET LA RIVIÈRE

BORDEAUX

IMPRIMERIES G. GOUNOUILHOU

9-11, RUE GUIRAUDE, 9-11

1905

# TABLE DES MATIÈRES

# L'ÉDUCATION NOUVELLE

## A

# L'ÉCOLE DE GUYENNE

### Par Ernest PICARD

ANCIEN DIRECTEUR A L'ÉCOLE DES ROCHES

Préface d'Edmond DEMOLINS

BORDEAUX

IMPRIMERIES G. GOUNOUILHOU

9-11, RUE GUIRAUDE, 9-11

1905

L'ÉCOLE, LA RIVIÈRE ET LES PELOUSES DE JEUX

# A

## MM. Edmond DEMOLINS

### ET

## Gabriel BONVALOT

les promoteurs de l'**Éducation Nouvelle**, je dédie ces pages
et je place sous leurs auspices l'œuvre de l'*École de Guyenne*.


A leurs noms je suis heureux d'associer celui de M. Jules PAYOT,
recteur de l'Académie de Chambéry, que je remercie de me
donner le patronage de sa haute compétence pédagogique.

# COMITÉ DE PATRONAGE

MM.

ARNOZAN (Docteur L.-X.), professeur à la Faculté de Médecine de Bordeaux.

BALLANDE (André), armateur, député de la Gironde.

BONVALOT (Gabriel), officier de la Légion d'honneur, directeur général du Comité Dupleix, député de la Seine.

BRISSON (Joseph), député de la Gironde.

BUHAN (Eugène), officier de la Légion d'honneur, armateur à Bordeaux.

BURES (Maurice), avocat à Saintes.

CALAN (vicomte Charles de), professeur libre à l'Université de Rennes.

DEMOLINS (Edmond), directeur de la *Science Sociale*, fondateur de l'École des Roches.

FEUILHADE DE CHAUVIN, à Bordeaux.

GADEN (Charles), chevalier de la Légion d'honneur, membre de la Chambre de Commerce de Bordeaux.

KLEIN (abbé Félix), professeur à la Faculté catholique de Paris.

LÉON (Louis), président du Consistoire israélite de Bordeaux.

LUZE (Albert de), négociant à Bordeaux.

MAUREL (Marc), armateur à Bordeaux.

PAYOT (Jules), chevalier de la Légion d'honneur, recteur de l'Académie de Chambéry.

PÉRIER (Jean), consul, attaché commercial à l'ambassade de France à Londres.

PITRES (Docteur), officier de la Légion d'honneur, doyen de la Faculté de Médecine de Bordeaux.

RÖDEL (Philippe), chevalier de la Légion d'honneur, membre de la Chambre de Commerce de Bordeaux.

ROUJOL (Amédée), conseiller à la Cour d'appel de Bordeaux.

ROUSIERS (Paul de), secrétaire général de l'Union des armateurs de France.

SAMAZEUILH (Fernand), chevalier de la Légion d'honneur, de la « Banque Samazeuilh et Fils » à Bordeaux, administrateur des Chemins de fer du Midi.

SANGNIER-LACHAUD (Marc), président du *Sillon*.

TRINCAUD-LATOUR (Émile de), consul de Bolivie, administrateur délégué de la Banque de Bordeaux.

VIAL (Alfred de), agent principal de la *Compagnie générale Transatlantique* à Bordeaux.

# ÉCOLE DES ROCHES

*VERNEUIL (EURE)*

6 mai 1905.

A MONSIEUR ERNEST PICARD.

*Mon cher ami,*

*Je suis heureux de vous adresser mes vœux de succès pour l'œuvre importante et difficile que vous entreprenez.*

*Vous avez été, pendant six années, mon collaborateur à l'École des Roches et vous allez maintenant implanter, dans le Midi, ce type de « l'École nouvelle » qui doit préparer à la France des générations « bien armées pour la vie ».*

*Le concours dévoué et intelligent que vous m'avez donné ici vous a permis de faire l'apprentissage de ce genre d'École et d'acquérir l'expérience nécessaire pour y réussir.*

*Si vous restez fidèle aux principes qui ont donné à l'École des Roches un essor si rapide et si remarquable, vous obtiendrez les mêmes résultats.*

Votre succès prouvera en même temps combien il est urgent de transformer notre régime scolaire suivant une formule nouvelle, mieux adaptée aux idées, aux mœurs et aux nécessités de l'époque actuelle.

Tous vos amis de l'École vous suivent avec sympathie, mais nul plus que moi.

Votre bien sincèrement affectionné.

Edmond DEMOLINS.

# La Crise de l'Éducation et de l'Enseignement.

Notre système pédagogique traverse une crise. Parents et professeurs, hommes politiques et hommes d'affaires s'accordent à le critiquer. L'Université même est sévère pour ses méthodes.

Le régime claustral est condamné. « L'ancien internat a vécu, dit M. Ribot; il n'a plus guère de défenseurs. » Il sacrifie le corps. Il brise au profit de la règle impersonnelle les ressorts de l'individu. Il forme, selon l'expression de Taine, l'être passif et discipliné, le soldat ou le prêtre; son régime est antinaturel et antisocial, mortel à une démocratie [1].

« Toutes nos méthodes actuelles ne sont que le prolongement de la méthode du Moyen-Age, » dit M. Payot, recteur d'Académie. « L'Université, ajoute M. Blondel, professeur de Faculté, vit encore aujourd'hui dans une large mesure de vieux principes dont elle a hérité des maisons religieuses du xviiᵉ et du xviiiᵉ siècle. » On a condamné les Jésuites, mais on a conservé leur

[1]. Cf. Taine, *Le Régime moderne*, t. III, p. 318-370.

idéal d'éducation. « Notre enseignement secondaire a gardé au fond son caractère des siècles passés, encourageant la docilité plus que l'initiative. »

La méthode d'enseignement est restée une méthode mnémotechnique, qui suffisait parfaitement « lorsque tout l'enseignement classique consistait uniquement à bien apprendre le latin et les rudiments des sciences qui existaient alors… Mais avec le développement considérable des sciences modernes, d'autres méthodes d'enseignement s'imposaient[1]. »

L'enseignement lui-même n'est pas adapté à la vie actuelle. « Les élèves qui sortent de l'enseignement classique, dit M. Andler, maître de conférences à la Sorbonne, sont jetés sur le pavé, munis d'idées dont les plus modernes sont celles du XVIIe siècle… Je ne trouve pas que Bossuet et même Boileau suffisent à former un homme moderne. Cicéron et Tite-Live n'y suffisent pas davantage. » L'éducation et l'enseignement actuels sont en faillite, selon la parole de M. Lachelier, inspecteur général de l'Université.

La société moderne a changé ses conditions d'existence. L'école a conservé son édifice séculaire. Sa principale faute, dit M. Le Bon, a été de ne pas suivre le mouvement d'évolution qui a

1. Cf. LE BON, *Psychologie de l'éducation*, p. 32.

transformé le monde. Taine, dès 1892, affirmait, dans son enquête sur l'École, « la disconvenance croissante de l'éducation et de la vie. »

## Le problème de l'Éducation et de l'Enseignement modernes.

Cette disconvenance s'est affirmée au cours du xixᵉ siècle.

Sous l'ancien régime, la vie était plus simple, et le travail moins intense. La tradition et l'expérience constituaient les deux principaux agents du progrès. Le savoir était un luxe que se procuraient les riches ; il était destiné à charmer·la vie sociale, ou bien il ouvrait les carrières administratives et libérales. L'idéal pédagogique était d'instruire, plus que d'éduquer, de meubler la mémoire de connaissances, plus que de former des intelligences créatrices.

L'homme, en outre, était habitué à prendre appui sur des cadres solides qui l'enveloppaient. C'étaient la Famille, la Corporation, la Classe, l'Armée, l'Église, l'État. Il entrait dans un de ces groupes et se sentait porté doucement et comme par la main au milieu des difficultés aplanies.

Une double qualité était surtout requise de

lui : l'art d'obéir aux volontés du groupe qui l'encadrait et l'art de se ménager la protection des chefs. Aussi l'éducation tendait-elle à briser en lui les ressorts d'initiative et d'indépendance, à lui apprendre le renoncement à sa propre volonté.

Pendant plus de deux siècles, de 1540 à 1760, il y a eu convenance entre l'éducation et la vie. Les conditions sociales se sont depuis profondément modifiées ; les méthodes pédagogiques sont restées les mêmes.

Le XIXᵉ siècle a renouvelé les connaissances de l'homme et ses moyens d'existence, ses conditions de travail et ses besoins de vie morale. Il a jeté dans la circulation la masse de ses nouvelles idées scientifiques sur la nature et sur l'histoire, en même temps qu'il ouvrait une concurrence acharnée entre les peuples dans toutes les branches de l'activité économique.

Les conditions de la vie moderne sont plus dures ; elles exigent de l'homme plus d'initiative et plus d'intelligence, plus de volonté et plus d'énergie. Elles lui demandent de compter sur sa propre valeur.

Mais l'homme est mal préparé par son éducation héréditaire à cette nouvelle attitude. Il reste trop porté à s'appuyer sur des cadres sociaux. Or ces cadres se disloquent. La Famille, la Classe, l'Armée, l'Université, l'Église, l'État, semblent de moins.en moins aptes à résoudre pour chacun le problème de la vie.

L'homme moderne, manquant d'appui extérieur, s'attriste et se décourage. On parle de décadence. On oublie que les époques les plus troublées marquent le temps des gestations fécondes. D'un passé qui se décompose peut naître un avenir gros de promesses. Chacun doit chercher le salut en lui-même et apprendre aussi à s'unir aux autres dans une œuvre commune. Mais s'unir ainsi à autrui n'est pas compter sur autrui. Le mot d'ordre pédagogique est de former des hommes, de donner à la société des caractères trempés, des volontés viriles.

En face de ce problème nouveau, comment ne pas tourner les yeux vers les sociétés qui réussissent à former des hommes? Tel est le sens du mouvement qui emporte de nos jours l'opinion vers les choses de l'Angleterre et de l'Amérique. On a beau critiquer cette anglophilie. Depuis deux cents ans, à chaque crise nouvelle, nous nous tournons vers l'Angleterre ou vers l'Amérique. C'est Voltaire, c'est Montesquieu, c'est Rousseau, c'est Guizot, c'est Thierry, c'est Tocqueville, c'est Le Play, c'est Taine qui leur empruntent les éléments d'une solution aux problèmes économiques et sociaux que leur temps se pose.

Le problème de l'éducation est double.

Il y a un problème de l'éducation morale : faire l'homme dans l'enfant, lui donner un corps sain et des membres vigoureux, former son cœur en l'entourant d'une atmosphère d'affection et de joie ; l'initier au vouloir tenace et à la maîtrise de soi ; le dresser au commandement et à l'action personnelle ; fortifier son caractère, en nourrissant son âme d'une morale virile et optimiste. La vie vaut la peine d'être vécue, si nous savons la vivre. Assez de sources de joie coulent pour nous, si nous avons l'énergie de nous pencher sur elles. Nous pouvons être les agents de notre bonheur.

Or l'Angleterre et l'Amérique fournissent des éléments de solution à ce premier problème.

Il y a ensuite un problème de l'éducation intellectuelle. Tout en instruisant l'enfant, rendre son intelligence plus forte par une méthode plus active ; exercer avant tout son imagination créatrice et développer son aptitude à voir et à juger ; préparer l'homme à comprendre la vie moderne ; renouveler ainsi la méthode et l'esprit de l'enseignement ; donner une instruction qui soit moins un ornement qu'un instrument d'action : ce problème est bien digne de tenter des esprits français.

## Les Écoles modernes.

Notre temps réclame une réorganisation de l'enseignement et de l'éducation.

On est d'accord pour critiquer, on l'est moins pour. agir.

L'enseignement congréganiste est supprimé par les lois récentes. L'enseignement libre, qui s'élève avec peine sur ses ruines, est plus préoccupé de vivre que de tenter des voies nouvelles.

L'Université s'agite, mais elle constitue une machine trop lourde pour se mouvoir aisément dans la voie des réformes.

« L'édifice entier de notre enseignement, de sa base au sommet, serait à refaire, dit M. Le Bon. Une telle tâche ne peut être maintenant tentée. »

Cette tâche a été cependant tentée, mais par des initiatives privées.

C'est à M. Demolins d'abord et au groupe de la science sociale, c'est ensuite à l'initiative hardie du comité Dupleix et de M. Bonvalot que revient l'honneur d'avoir préparé ce mouvement d'opinion.

L'école des Roches a ouvert les voies en 1899. Quatre nouvelles écoles se sont fondées depuis, se rattachant plus ou moins directement à ce mouvement de réforme : l'école de l'Estérel, l'école de l'Ile-de-France, le collège de Normandie, l'école du Sud-Est.

S'engageant dans des voies inexplorées, l'école nouvelle devait avoir à ses débuts des hésitations. Mais ses expériences ont été fécondes pour les élèves; elles l'ont été surtout pour les maîtres.

Elles ont appris à éviter des maladresses ou des erreurs; elles préparent la route pour de nouveaux efforts. Nous-même, ouvrier de la première heure de M. Demolins, nous avons assisté en acteur enthousiaste à l'organisation progressive de son œuvre. Si nous le quittons à cette heure, pour propager l'idée de l'éducation nouvelle, c'est pénétré de reconnaissance pour ce que nous devons à une collaboration de six années. Lui-même nous a suggéré notre mot d'ordre, quand il a dit, dans un élan bien généreux de pensée, que son seul but était de susciter des efforts nouveaux, de provoquer des émules, non des rivaux, toujours plus clairvoyants et plus heureux.

L'école nouvelle a à se défendre contre un double préjugé qui s'est accrédité dans l'opinion.

C'est, dit-on, une école anglaise par ses méthodes d'éducation, par la place prépondérante qu'elle donne aux sports au détriment du travail. Nous ne saurions trop calmer l'opinion française, jalouse de sa valeur intellectuelle. Aussi s'agit-il non de négliger l'instruction, mais de détendre et de fortifier la pensée, en renouvelant la vigueur du corps par des jeux au grand air. La vie de l'homme s'intellectualise de plus en plus. Une éducation nouvelle doit viser à une haute culture de l'esprit.

Un second préjugé, c'est que l'école nouvelle est aristocratique.

Sans doute, par son prix de pension élevé, elle

s'adresse aux classes riches, et par là elle est aristocratique. Mais elle peut être démocratique par
son esprit. Son rôle n'est pas de former des oisifs
qui traversent la vie en dilettantes, cueillant le
plaisir et vivant loin du peuple, mais de préparer des hommes actifs qui emploient la richesse à
une œuvre féconde, s'intéressent à la démocratie
grandissante, pour éclairer ses ambitions et favo-
riser ses désirs de progrès.

## L'école de Guyenne et ses principes d'éducation.

L'école de Guyenne s'ouvrira en octobre 1905.
Établie dans le domaine de Bourran, situé à
quatre kilomètres du centre de Bordeaux, sur
le plateau de Mérignac qui domine la ville,
elle occupera un beau château confortablement
aménagé, avec de vastes dépendances, et entouré
d'un parc de plus de 30 hectares. Ce parc est
composé de pelouses, de bois, de prairies et de
vignes ; la Devèze le traverse de ses eaux clai-
res et s'élargit en un lac artistement dessiné par
la main de l'homme. Chaque mouvement de terrain
y est savamment étudié pour charmer le regard[1].

1. Ce parc est le chef-d'œuvre du maître paysagiste L.-L. Le
Breton.

Ce joli domaine offre à la vie scolaire les ressources les plus variées : son potager, ses vignes, ses prés, sa vacherie, pour les travaux agricoles, ses pelouses pour les jeux, ses trois hectares d'eaux pour le canotage et la natation. Entouré d'un vaste enclos, bien que voisin de la ville, il donne la sensation d'un petit monde isolé en pleine campagne, assez séparé de Bordeaux pour en éviter les inconvénients, assez près pour permettre la jouissance de toutes ses ressources intellectuelles et artistiques. Il joint à ces avantages les charmes du lieu le plus esthétique.

Les élèves ont la libre jouissance du parc. Le régime de l'école est celui de la liberté.

Deux parts sont faites dans la vie journalière : l'une comprend les détails de la vie scolaire : repas, classes, études, jeux et travaux manuels. L'exactitude et la discipline sont exigées. La liberté de l'enfant commence avec l'initiative qu'il a de se rendre de lui-même à ces exercices. Il porte la responsabilité de ses actes.

En outre, des temps libres lui sont laissés : il se repose ou il joue ; il lit dans la bibliothèque ou il collectionne des plantes, des insectes ; il rabote une pièce de bois ou il cultive son jardin.

L'enfant est traité en homme.

Le lycéen, noyé dans le nombre, est un être impersonnel ; le règlement le ploie à son cadre rigide ; le maître le suit d'un œil défiant et le conduit d'une main autoritaire. L'éducation est confiée au surveillant. Le professeur s'isole dans sa tâche d'instructeur. La direction est une œuvre d'administration.

A l'école nouvelle, l'enfant est le centre où converge l'organisation scolaire. On prend pour mobile non la plus grande commodité du maître, mais le plus grand intérêt de l'élève. L'enfant est un être personnel, suivi d'un œil ami, dirigé d'une main ferme, mais douce. L'école nouvelle ne réalise pas la caserne, mais la famille : milieu sympathique, fait à l'image de la vie, où non seulement l'intelligence, mais encore le cœur et la volonté s'alimentent et s'épanouissent.

Le surveillant est inconnu. Professeurs et élèves vivent d'une vie commune ; ils logent dans la même maison, se rencontrent dans le même salon, jouent sur les mêmes champs de jeux, prennent part à de communes excursions, se retrouvent aux heures de repas à la même table, aux heures de travail dans les salles d'étude ou dans la bibliothèque. Le maître n'est plus seulement l'homme de savoir, « l'agrégé », le « licencié » ; il est davantage l'homme et l'ami, dont on apprécie le caractère viril, dont on sent le cœur généreux. L'autorité repose sur l'affection.

La confiance inspire les rapports de maître à élève.

Surveiller l'enfant d'un regard défiant et soupçonneux, pratiquer des judas dans les murs pour le mieux surprendre en faute, c'est lui suggérer l'idée de sa faiblesse, c'est le pousser à la dissimulation et au mensonge. Assez de moyens naturels s'offrent au maître pour prévenir la faute naissante. La source la plus autorisée de renseignements est toujours l'enfant lui-même. S'il a le sentiment que le maître ne cherche pas à connaître ses fautes pour exercer son métier de censeur pédant et autoritaire, mais qu'il le suit d'un œil sympathique pour fortifier sa volonté chancelante et réveiller son désir d'idéal, il lui livrera volontiers son âme.

Alors se créera à l'école un milieu de confiance et de franchise, où le mensonge et la fourberie pourront difficilement s'acclimater..

Une direction vigilante et personnelle de l'enfant s'impose. Il faut l'observer chaque jour dans sa santé et dans son travail, suivre le progrès de son intelligence et de son cáractère, et l'aider à faire un bon usage de sa liberté.

## La vie de l'école.

Donnons une idée de la manière dont ce programme est réalisé, et d'abord détaillons l'emploi de la journée.

6 h. 15 à 6 h. 45, lever, prière, vingt minutes pour

LE CHATEAU

UN PONT SUR LA DEVÈZE

prendre la douche froide ou tiède et pour s'ha-
biller; une course de trois à quatre cents mètres
par tous les temps; une tasse de lait et un biscuit.

De 6 h. 45 à 8 h. 15, étude pour préparer les
classes de la journée. Cette étude est supprimée
pour les jeunes qui se lèvent plus tard, font une
promenade à l'extérieur ou se livrent à des travaux manuels à l'intérieur, selon les saisons.

De 8 h. 15 à 9 heures, un déjeuner substantiel. Les élèves vont faire leurs lits et disposent
d'un temps libre, nécessaire à ce moment de la
journée pour prendre des habitudes d'hygiène
indispensables à la santé.

De 9 heures à midi, deux classes; la durée de
chacune est d'environ une heure et demie. Le
temps de deux heures est trop long, celui d'une
heure est trop court, pour un travail efficace; un
repos est laissé entre les deux exercices.

Midi à 1 heure, le travail intellectuel est suivi
d'une détente au grand air, course ou gymnastique; les élèves se rendent ensuite au lavabo.
Puis vient le dîner.

De 1 heure à 3 h. 1/2, aussitôt après le dîner,
chacun prend ses habits d'extérieur, s'occupe
librement jusqu'à 1 h. 1/2; alors commencent
divers exercices pratiques, les uns obligatoires,
les autres librement choisis: manipulations de
physique et de chimie, modelage ou reliure, car-
tonnage pour les petits, jardinage, travaux dans

le parc, menuiserie, gymnastique, excursions de sciences naturelles, musique. En rentrant, les élèves opèrent un rapide lavage sur tout le corps, et reprennent leurs vêtements d'intérieur, ainsi toujours propres et secs.

De 3 h. 1/2 à 6 h. 1/2, le travail intellectuel recommence ; deux périodes de classe et d'étude se succèdent.

Entre ces deux exercices un court repos est laissé pour le goûter.

Deux fois la semaine, les travaux pratiques sont remplacés par les jeux. La classe de 3 h. 1/2 à 5 heures est supprimée ces jours-là : un temps libre plus long est laissé aux élèves pour se reposer des fatigues du jeu et rompre la monotonie de la semaine.

De 6 h. 3o à 7 heures, occupations diverses : musique, chant, orchestre, lecture ; les préparations de devoirs et de leçons se font à ce moment de la journée.

A 7 heures, le souper. Il est ensuite permis aux élèves de se livrer à des jeux bruyants dans la salle de jeux.

De 8 heures à 8 h. 3o, chacun prend une occupation plus calme ; les uns se réunissent au salon avec les maîtres pour entendre de la musique, des morceaux de récitation ou de lecture. D'autres lisent dans la bibliothèque ou dessinent, font de la pyrogravure, de la sculpture sur bois.

Une fois la semaine, la soirée est occupée par une séance récréative, composée d'auditions musicales et littéraires ou d'une conférence avec projections.

Les élèves collaborent pour la plus grande part à ces séances. Ils apprennent ainsi à paraître en public.

Une fois la semaine, une danse a lieu; professeurs et élèves y prennent également part.

Ces soirées récréatives ont pour principal but, en embellissant la vie sociale, de rapprocher maîtres et élèves et de cimenter profondément l'autorité par l'affection.

A 8 h. 3o, l'appel a lieu; le directeur fait quelques observations sur les événements de la journée, donne une courte lecture ou de brèves réflexions morales. Les élèves défilent ensuite devant les professeurs réunis, disent « bonsoir » avec un shake-hands viril. On leur apprend à donner une main ferme et à regarder droit dans les yeux du maître. Cette pratique est apte, plus que tous les conseils, à développer chez l'enfant la virilité et la confiance. Chacun se retire dans sa chambre à coucher. Il n'y a pas de prière en commun. Le silence se fait quelques instants pour permettre à chacun de se recueillir. L'enfant prend ainsi l'habitude, qu'il gardera toute sa vie, d'accomplir de lui-même ses devoirs religieux.

Le « capitaine » veille à ce que chacun procède à un lavage complet; de l'eau chaude est mise à la disposition de tous. La maîtresse de la maison s'assure que les jeunes et les nouveaux prennent ces habitudes de propreté. Le maître passe devant les lits, dit à chacun un mot affectueux. La lumière est éteinte vers 9 heures.

## L'éducation physique.

Le plus grand soin est donné à l'éducation physique.

Les repas sont distribués en trois principaux : chacun d'eux est ainsi plus léger, et l'on assure une alimentation abondante sans qu'il y ait jamais surnutrition. La nourriture doit être simple, appropriée aux besoins de l'enfant, rafraîchissante et complète : le laitage, le poisson, les œufs, les légumes, en composent le fonds; la viande est donnée à deux repas seulement; abondance, en outre, de mets sucrés.

Toutes sucreries sont évitées hors des repas; les parents sont instamment priés de ne pas envoyer ni apporter de friandises. Cela peut avoir pour unique résultat non de satisfaire à un besoin naturel, mais d'encourager la gourmandise. Une fois la semaine, cependant, le dimanche, il est permis à l'enfant d'acheter à l'école même quelques sucreries pour une somme toujours modérée. Le bénéfice est versé à la caisse des jeux.

La maîtresse de la maison veille tout spécialement à la santé. Elle interroge fréquemment les jeunes pour surveiller la régularité des fonctions naturelles.

Les fenêtres sont ouvertes le plus possible. On apprend à travailler, à dormir, à vivre dans une maison abondamment aérée.

Les vêtements sont choisis chauds, légers, poreux. Pas de chemise empesée ni de faux-col, sauf le dimanche; mais des chemises en flanelle, souples et laissant au corps toute la liberté de ses mouvements. Pour les travaux de l'après-midi, à l'extérieur, les élèves prennent un vêtement spécial; ils reprennent ensuite un vêtement d'intérieur.

La propreté est assurée par un lavage journalier de tout le corps le soir; par une douche froide ou tiède le matin et après les travaux de l'après-midi.

L'été, un bain journalier est pris dans les eaux courantes du lac ou bien dans la piscine pour ceux qui ne savent pas encore nager. L'hiver, un bain est pris dans la piscine deux fois la semaine. Les exercices de natation auront ainsi lieu toute l'année. Le canotage sur le lac ne sera d'ailleurs permis qu'aux élèves qui savent nager.

Une attention spéciale est donnée aux soins de la bouche. La maîtresse de la maison s'occupe journellement des jeunes et des nouveaux. Le maître visite occasionnellement les dents; un dentiste, attaché à l'école, voit les élèves au commencement et au milieu du trimestre; il dresse l'état de la bouche pour chacun. Les parents sont avertis s'il y a lieu; ils s'adressent, à leur gré, à leur propre dentiste ou au dentiste de l'école.

Le médecin visite tous les enfants au commencement et à la fin du trimestre, et une fois par mois. Son but est de prévenir la maladie, le surmenage, le dépérissement. On ne saurait attacher trop d'importance à cette organisation; beaucoup de difficultés, que l'enfant offre dans sa conduite ou dans son travail, tiennent à son état physiologique.

La plus grande attention est donnée au choix du mobilier scolaire. Nombre de déviations corporelles proviennent d'un vice de l'installation matérielle.

L'enfant est naturellement porté au laisser-aller; il se tient mal, il se voûte. Le maître ne doit jamais oublier en classe, à table ou dans le parc durant ses promenades, de rappeler l'enfant à plus de virilité dans la tenue. Le professeur français est trop porté à oublier l'importance de ces détails.

Nous donnons aux exercices physiques toute la place qu'ils méritent pour fortifier le corps sans nuire au travail intellectuel. Nous nous appuyons toujours sur l'avis du médecin pour que la somme des efforts demandés chaque jour à l'enfant, soit pour le travail, soit pour les jeux, n'entraîne pas de surmenage. Ces exercices seront variés : pelote basque, foot-ball, tennis, cricket, natation, canotage.

L'action des jeux doit être complétée par une culture rationnelle du corps; on ne saurait donner trop de valeur à la gymnastique, qui devient de plus en plus une science et un art. La gymnastique française trouve son complément dans la gymnastique suédoise; l'escrime et la boxe développent l'assurance, le courage et l'endurance; l'équitation donne en outre la souplesse et la grâce du maintien.

Le professeur de culture physique suivra chaque enfant de près et adaptera à ses besoins les mouvements et les exercices pour corriger, redresser et fortifier le corps.

Le développement de l'hygiène, des sports et de la gymnastique accuse une réaction de notre temps contre l'idéal ascétique du Moyen-Age. On commence à se dire que le premier devoir de l'homme envers lui-même est de réaliser en lui « un bon animal »; par Spencer et par l'Angleterre, on revient à l'idéal de la Renaissance, et par la Renaissance à l'idéal des Grecs, ces grands éducateurs de l'homme.

Non seulement s'assurer un organisme sain et se donner des nerfs résistants, des muscles vigoureux, mais travailler au développement harmonieux de son être, se ciseler dans son corps comme dans son âme une belle statue, selon l'expression stoïcienne : tel est l'idéal dont on doit se pénétrer à l'École nouvelle.

## L'éducation morale.

On laisse à l'enfant, il est bon de le répéter, autant d'initiative que le permet une école bien organisée. Toute inexactitude devient une faute grave sous ce régime de responsabilité. L'action du maître, sans cesser d'être douce, doit être ferme. L'idéal qui l'inspire n'est pas d'exercer une correction passive, ni de faire seulement l'être obéissant et soumis, mais d'en appeler aux sentiments virils et de former l'homme qui sait se conduire par lui-même. L'école réussit dans la mesure même où elle assure cet apprentissage de la liberté.

L'esprit de l'école doit être au travail. Les sentiments que l'on éveille par les méthodes ordinaires, l'émulation, le désir de briller, sont des mobiles inférieurs et qui conviennent seulement au jeune enfant. On apprendra de bonne heure au jeune homme à placer plus haut son idéal, à faire effort pour la joie de valoir davantage. Compositions, prix, tableaux d'honneur, seront supprimés à partir de la quatrième. L'élève sera jugé, apprécié à son travail et non pas à ses résultats ; il sera comparé à lui-même et non pas aux autres.

Toutefois on récompensera les travaux personnels : collections d'insectes, de plantes, de pierres, objets de menuiserie, photographies, produits de jardinage. Le temps libre peut être donné abondamment à l'enfant s'il sait l'employer à réaliser une œuvre sienne. Il cesse alors d'être passif pour devenir un être personnel.

Il est bon de le diriger dans la voie où ses aptitudes le poussent. Tel aime les sciences naturelles qui échoue dans les mathématiques ; tel est rebelle à la grammaire et réussit dans le dessin. Le maître sera habile à discerner les goûts personnels de chacun, à s'emparer de sa curiosité, à développer sa force d'application, pour la tourner ensuite vers les autres branches de l'enseignement et préparer ainsi le choix d'un avenir trop souvent laissé au hasard.

L'éducation du travail personnel se fait progressivement : les jeunes n'ont pas d'études proprement dites et sont individuellement suivis par le professeur. La classe à cet effet est peu nombreuse, quinze élèves au maximum. Les études apparaissent dès la cinquième. Un professeur est toujours présent aux préparations : son rôle n'est pas le rôle passif du surveillant qui note et punit les désordres, en se livrant lui-même à une besogne étrangère ; son rôle est actif ; il va d'un élève à l'autre, il donne à l'un un conseil, à l'autre une indication ; il pousse au travail une paresse naissante. Enfin les grands, capables de prendre leur vie d'écolier très au sérieux, ont la possibilité de travailler par eux-mêmes sous leur propre surveillance : privilège toujours apprécié, qu'ils acquièrent par des efforts assidus.

Le maître de maison suit journellement ses élèves. Chacun d'eux possède un carnet, où il inscrit lui-même ses notes de classe ; il est ainsi habitué à la plus grande confiance jusqu'au jour où il viendrait à en abuser. Mais l'expérience nous montre que ces cas sont rares.

Toute leçon, tout devoir insuffisant, sont réparés dans la journée même.

Des privilèges sont accordés au travail pour le stimuler : distractions dans la maison, billard, tennis, bicyclette, canotage, liberté plus grande, etc., etc.

Il y a ainsi des sanctions négatives et des sanctions positives au travail : les unes arrêtent l'enfant sur la pente de la paresse et l'obligent à fournir un minimum d'efforts. Les autres l'invitent à l'élan enthousiaste, à l'application intense. On ne dispose ordinairement que de sanctions négatives et l'on compte seulement pour pousser au travail sur l'idée du devoir accompli, idée abstraite et peu capable d'action profonde. Il importe en outre de sanctionner le travail par la joie. Mais l'école doit être organisée à cet effet.

L'élève fait à l'école l'apprentissage du commandement. Il ne doit pas apprendre à vivre pour lui-même, à cueillir les bénéfices d'une école organisée toute dans son intérêt; il doit apprendre aussi à vivre pour les autres; à faire passer quelque chose de son âme dans l'âme de ceux qui l'entourent. Un service lui est confié dès qu'il s'en montre capable. Les plus âgés sont chargés de l'ordre dans les chambres à coucher, dans les classes, dans les études, dans la bibliothèque, dans les divers ateliers, dans la maison. Ce sont les « capitaines ». La valeur morale, l'aptitude à l'action leur sont demandées plus que la valeur intellectuelle. De leur influence dépend en grande partie le bon ton de l'école. Le maître agit sur eux directement; ils réfléchissent cette action à travers le corps des élèves.

Les élèves apprennent aussi à se grouper en vue d'une œuvre commune.

Cette éducation de la solidarité se fait d'abord par les jeux : le foot-ball, le cricket, sont des jeux organisés qui reposent sur l'esprit de corps et de discipline. Elle se fait ensuite par le travail de classe : les élèves sont divisés en équipes de trois ou quatre ayant chacune à leur tête un des meilleurs de la classe. Chacun apprend ainsi à travailler ou à jouer non pas pour lui, mais pour son groupe.

De même les élèves s'associent pour gérer leurs intérêts. Les uns forment un club de photographie, d'autres une société d'élevage, etc... Un comité organise les jeux. Ainsi se prépare l'esprit d'association qui tue l'égoïsme et prépare l'homme d'action.

Plus que partout ailleurs la moralité est nécessaire dans une école qui repose sur la liberté. L'enfant ne doit jamais être abandonné à lui-même ni à l'action de ses camarades. Une vigilance constante et une action forte seront exercées sur les garçons à la moralité douteuse; on n'hésitera jamais à éliminer celui dont la présence serait un danger pour l'école.

D'ailleurs, dans un milieu bien recruté, où la vie se passe au grand air, à l'abri des influences urbaines, où il y a équilibre entre la vie intellectuelle et la vie corporelle, où l'ennui et le désœuvrement sont évités, où l'enfant est heureux, le problème est facilement résolu, pourvu que le maître se le pose. L'expérience nous donne pleine confiance sur ce point.

L'éducation morale se fait tout naturellement dans les rapports intimes de maîtres à élèves, comme autant de leçons de choses qui surgissent des événements eux-mêmes. On évite de « prêcher »; la prédication ennuie. Cependant une action forte est exercée par les lectures du soir. L'idée qui nous dirige dans le choix de ces lectures, c'est d'aller droit à ce qui est viril et généreux. Nos jeunes gens doivent apprendre à être altruistes et sociables, mais avant tout à être des caractères.

L'école, au point de vue religieux, s'organise à l'image de la société, où les hommes de croyances diverses sont appelés à marcher côte à côte dans la vie. Élèves et professeurs appartiennent à divers cultes. La majorité toutefois est composée de catholiques. L'enseignement religieux est donné par un ministre du culte. La matinée du dimanche est consacrée à cet enseignement et à l'office religieux; l'aumônier de l'école le célèbre pour les catholiques à l'église paroissiale. Nous exigeons des élèves la sincérité des convictions, le respect entier des croyances des autres. L'hypocrisie et la critique dissolvante constituent la faute la plus grave. La franchise et la loyauté sont nécessaires à la vie de l'école.

Nous attachons la plus grande importance à l'éducation du sentiment religieux, qui est une des grandes forces de la vie.

Il importe de mettre en relief le rôle donné à la femme dans la vie de l'école. Elle intervient non seulement pour préparer et distribuer les repas, pour assurer l'ordre de la maison et le bien-être matériel de tous, mais elle prend part à l'enseignement, surtout à l'enseignement des jeunes, et elle collabore à l'éducation morale. Elle cultive la douceur et la tendresse dans l'âme du jeune homme, tandis que le maître forme davantage son intelligence et son caractère.

L'école offre ainsi l'image de la vie réelle, et assure une culture morale complète.

« L'idée, dit M. Demolins, d'élever l'enfant en dehors des soins et de la présence de la femme est vraiment extraordinaire pour ne rien dire de plus ; la présence de la femme habitue les garçons à avoir plus de tenue ; elle introduit dans l'école des habitudes sociales, qui l'empêchent de dégénérer en caserne ; enfin, elle évite au jeune homme de faire brusquement et sans préparation, à la sortie de l'école, la découverte de la femme. »

## Les Examens.

Préparons-nous aux examens?

Oui certainement ; les examens ne sont pas un obstacle sérieux. Une intelligence moyenne, avec un travail persévérant et une bonne méthode, peut toujours arriver au succès.

Il importe de ne pousser dans cette voie que les élèves aptes à la suivre avantageusement. Les autres sont orientés vers une section spéciale, dont l'enseignement est moins théorique. Le programme est constitué de français et d'éléments de littérature, de sciences appliquées, de géographie économique, d'histoire, de notions économiques et juridiques, de langues vivantes, de dessin ; chaque enfant est capable de donner de bons résultats s'il est placé dans des cadres qui lui conviennent. Il est d'une bonne direction de résister aux sollicitations de parents qui, fascinés par la perspective d'un diplôme, veulent l'examen quand même pour leur fils.

Suivons-nous les programmes universitaires ?

Évidemment, si nous voulons préparer aux examens. Cela ne signifie point que nous les suivons en esclaves ; mais nous nous donnons toute la liberté nécessaire pour réaliser des progrès dans les méthodes.

Les programmes, dit-on, sont trop encyclopédiques.

Ce sont nos manuels qui sont encyclopédiques, c'est-à-dire la façon dont les maîtres interprètent les programmes.

Les programmes, ajoute-t-on, sont mal ordonnés.

Cela est un inconvénient pour le maître qui manque d'idée directrice et de méthode. A lui de tirer l'ordre du désordre. Le programme indique le but à atteindre, plus que le moyen de l'atteindre. L'essentiel est qu'au bout de l'année, qu'au terme du stage scolaire, le maître ait parcouru le programme; il est libre de choisir la voie pour le parcourir.

Supprimer les examens, réformer les programmes est la chose accessoire. La chose essentielle est de renouveler la méthode d'enseignement.

## L'Enseignement Préparatoire.

L'enseignement comprend deux sections qui correspondent à deux stades dans le développement intellectuel de l'enfant. Le section préparatoire finit avec la cinquième; la section secondaire commence avec la quatrième.

Jusqu'à treize ans, l'enfant vit surtout par les sens et par l'imagination. Il a besoin de s'appuyer sur les images et sur les faits pour s'élever progressivement à l'idée. L'enseignement préparatoire doit être concret et vivant en même temps que substantiel et positif.

Or, par un contre-sens psychologique, on le

UNE PELOUSE — LA VOLIÈRE

LA VACHERIE

donne formel, abstrait, logique. On exerce presque exclusivement les facultés de l'enfant à apprendre et à appliquer des règles grammaticales, à retenir des formes orthographiques, à résoudre des problèmes abstraits de mathématiques, à se meubler la mémoire de mots et de phrases d'un vocabulaire étranger. La faute où l'on tombe est de concevoir l'enseignement préparatoire sur le même type que l'enseignement primaire de nos écoles communales. L'un et l'autre ne répondent pas au même but, bien qu'ils s'adressent tous deux à des enfants du même âge.

Les enfants de nos ouvriers et de nos paysans ont peu d'années à consacrer à leur instruction. Il s'agit pour eux d'acquérir aussi rapidement que possible des résultats pratiques, l'outil intellectuel qui sera utile ou nécessaire au futur commerçant, au futur paysan, au futur ouvrier, c'est-à-dire, avant tout, les éléments de l'orthographe et du calcul, l'écriture et la lecture, et par surcroît quelques notions d'histoire, de géographie et de sciences.

L'enseignement préparatoire n'a pas sa fin en lui-même, mais il se prolonge dans la section secondaire. Son but est moins d'atteindre de suite à des résultats pratiques que d'éduquer toutes les facultés de l'esprit, de viser méthodiquement à une culture de tout l'homme.

Il ne s'agit nullement de dédaigner et de supprimer l'enseignement « formel »; il s'agit de le renouveler par un enseignement « réel ». L'un donne à la pensée son outil, l'autre son aliment.

L'attention doit d'abord être donnée à l'éducation des sens. Les travaux manuels, la menuiserie en particulier servent à former la main. Au dessin géométrique nous substituerons le dessin d'imitation pour éduquer l'œil. Le modelage constitue un excellent moyen de développer à la fois l'œil et la main. Les exercices de chant seront fréquents et communs à toute l'école, pour cultiver l'oreille.

L'éducation de l'esprit se fera par les leçons de choses et par l'histoire et la géographie qui constitueront la base de l'enseignement.

Les unes ouvrent à l'observation et au jugement de l'enfant le monde des réalités sensibles. avec les lois qui les régissent et les moyens d'action que l'homme a sur elles. Les autres initient sa curiosité et son intelligence aux choses de la vie morale et sociale.

Les leçons de choses occupent une place trop restreinte dans les programmes universitaires, et elles se donnent d'après une méthode trop livresque, ce qui se justifie, lorsque l'école est située à la ville, entourée de murailles, sans horizon sur le monde extérieur. L'école est-elle en pleine campagne, elle constitue un petit monde réel, dont l'analyse méthodique peut ouvrir les plus larges aperçus sur les sciences. Tout notre soin sera d'organiser progressivement cet enseignement scientifique, où l'on part toujours de l'observation de la réalité pour pousser plus ou moins profondément, selon l'âge de l'enfant, dans la voie de l'explication scientifique.

On entend le plus souvent l'enseignement de l'histoire et de la géographie comme un résumé rapide où l'on ramasse toute la substance des faits ; on ne donne plus alors que le squelette des événements, et ces deux sciences deviennent plus ou moins une nomenclature sèche et aride de dates, de noms et de faits.

L'histoire et la géographie parlent à l'imagination de l'enfant, et par elle à son jugement, si elles sont une description de la vie. On jalonnera d'une façon instructive et vivante la ligne de l'histoire en faisant la biographie des grands hommes, on se servira de leur lumière pour éclairer la physionomie de leur temps.

La géographie elle-même peut être une description de la vie : vie végétale, vie animale, vie humaine. Les détails donnés sur la situation, le relief, le climat, l'orographie, l'hydrographie, seront rapides et trouveront leur raison d'être dans ce fait qu'ils expliquent la nature des ressources que le sol fournit à l'homme, et par suite les moyens que l'homme prend pour utiliser ces ressources.

Les langues vivantes seront enseignées par la méthode « intuitive » en associant directement les images des objets aux mots de la langue étrangère. La classe se fera toujours dans la langue même. Le langage de la conversation sera appris avant le langage littéraire. Les élèves se perfectionneront dans la langue parlée par un stage à l'étranger. Ces stages seront organisés de façon à être accomplis, sans nuire aux études, dès la fin de la cinquième.

L'anglais et l'espagnol seront les langues régulièrement enseignées à l'école ; ce sont les deux langues commerciales par excellence pour la région du Sud-Ouest. Il sera toujours possible d'apprendre l'allemand à l'école ; mais cet enseignement sera l'enseignement d'exception.

L'enfant sera initié de bonne heure à l'intelligence de la beauté. Il en est capable au delà de ce que l'on croit généralement, pourvu que l'on souligne la beauté à son goût naissant. On cultivera d'abord en lui le sentiment de la nature, facile à développer dans une école sise au milieu d'un parc magnifique et dans une campagne riante. Des visites de monuments et de musées éveilleront le goût des arts plastiques. Nos soirées récréatives assureront à l'école même l'éducation musicale et littéraire. Les élèves apprendront à réciter, à chanter, à jouer en public. Des leçons de diction seront organisées. Ainsi l'éducation de la voix se fera en même temps que l'éducation du sens esthétique. L'enfant est bien armé pour la vie sociale, s'il sait paraître en public; et il y trouvera d'autant plus d'assurance qu'il se sentira plus sûr de son organe vocal.

On organisera aussi avec le plus grand soin le travail personnel de l'enfant. On le croit pauvre d'invention, alors que son esprit est sans cesse en éveil pour imaginer et pour produire. Son champ naturel d'action est le monde de la réalité sensible. Il aime à édifier, à construire. On doit utiliser ses aptitudes naturelles pour développer son instinct créateur. La menuiserie, le jardinage, etc., bien compris peuvent devenir de puissants moyens d'éducation.

L'enfant, en outre, est habile à observer: on s'intéressera à ses observations, on le dirigera, on le poussera à en tenir le registre. Tel enfant a noté des traits remarquables sur les mœurs des insectes, des oiseaux. En outre, on l'encouragera à voir un objet, une fleur, une plante, un animal, un paysage, et à les rendre par le dessin ou par la description. Cette culture des facultés actives de l'enfant est seulement possible dans une école située hors de la ville, en pleine campagne, où l'enfant a des temps libres abondamment, où le maître, vivant dans un contact intime avec lui, peut le suivre dans le détail de son activité la plus personnelle.

Nous cultiverons ainsi tout « l'homme » dans l'enfant par une éducation « réelle » bien différente de l'éducation toute livresque qui se borne à exercer l'imagination logique, soit en résolvant des problèmes abstraits d'arithmétique, soit en faisant des combinaisons formelles de mots ou de pauvres ordonnances de phrases.

## L'Enseignement Secondaire.

Le but de l'enseignement secondaire n'est pas de donner une éducation spéciale, préparant à telle branche de l'activité économique et sociale. Il est de parfaire la culture générale de l'homme, d'ouvrir à son intelligence. une vue synthétique sur le monde, de le rendre apte à saisir l'idée et à comprendre la vie, pour devenir capable d'une action étendue.

L'enseignement secondaire, tel que le donnent nos méthodes pédagogiques, ne réalise pas ce but.

Il surcharge la mémoire des connaissances les plus variées sans grand profit pour l'esprit qui n'en retire pas d'idées substantielles. Il prépare l'érudit en sciences, en histoire, en géographie, en littérature, ou bien il donne le raté, le « prodigo de néant » dont parle M. Jules Lemaître. Il n'éduque pas l'homme intelligent et progressif. Nos bacheliers quittent l'école avec une masse de faits et d'idées qui flottent dans leur esprit sans liens de cohésion. Il leur manque des vues générales, une philosophie de la vie, que leurs expériences ou leurs études personnelles corrigeraient ou compléteraient plus tard.

Ces vues générales doivent être demandées à la pensée moderne, qu'il faut introduire ainsi avec ce qu'elle a de généreux et de légitime au sein de l'enseignement pour le rajeunir et pour le féconder.

Un enseignement est d'autant plus riche qu'il donne plus d'ouvertures sur la vie.

Les mathématiques constituent à ce point de vue l'enseignement le plus pauvre. Elles fournissent à l'esprit un instrument d'action plus qu'une science de la vie ; elles aiguisent le raisonnement et l'imagination logiques, elles développent l'aptitude à mouvoir des abstractions. Elles ne forment pas le raisonnement et l'imagination concrets, ni l'aptitude à saisir la réalité dans ses nuances complexes. Elles donnent « l'esprit de géométrie » ; elles ne donnent pas « l'esprit de finesse ». Elles préparent l'ingénieur, le mécanicien, le spécialiste ; elles n'éduquent pas l'homme d'action. Aussi regrettons-nous la place si prépondérante que les programmes de 1902 leur donnent. On a tort de compter sur elles pour donner à l'esprit une éducation solide. Leur action a besoin d'être complétée, bien plus corrigée.

La physique et la chimie sont déjà plus favorables à la culture de « l'esprit de finesse ». Cet enseignement ne sera pas livresque, mais il prendra appui sur les faits ; il partira d'une observation de la réalité ou d'une application industrielle de la science. Il apprendra à remonter de l'expérience à la loi ; il fera, par une habile maïeutique, passer l'imagination par les diverses explications que l'esprit humain a successivement données, depuis la plus fictive jusqu'à la plus vraie ; il reconstituera la découverte de la loi dans son histoire et dans celle de ses inventeurs ; l'élève trouvera cet enseignement plus vivant ; il apprendra en outre, et c'est l'essentiel, comment se découvre et ce qu'est une loi physique, une vérité chimique. Cet enseignement sera plus fécond encore, si l'on montre comment ces vérités particulières s'ordonnent en de grandes hypothèses, en de larges vues sur le monde. Ce point de vue philosophique n'est pas l'accessoire, mais l'essentiel.

Les programmes sacrifient les sciences naturelles aux sciences mathématiques et physiques. Ils ont raison si ces sciences se bornent à une nomenclature et à une description aride de roches, de plantes, d'animaux, à une classification toute logique. Ces sciences prennent au contraire une grande valeur éducatrice si l'on en renouvelle l'esprit et la méthode d'enseignement. Elles constituent le poème de la nature, poème savamment ordonné où la vie, partant des formes les plus grossières, réalise progressivement les plus hautes, sollicitée par l'intelligence et mue par la volonté du Grand Artiste. Cette idée d'évolution, en même temps qu'elle apporte un enchaînement réel entre les diverses formes des êtres, est grosse de conséquences morales et philosophiques. La loi de la nature n'est pas de tendre aux formes les plus inférieures de l'être, mais de faire effort pour atteindre les formes les plus supérieures. La vie est en marche vers l'idéal. Prendre conscience de cette loi, c'est se préparer à la vouloir et à la réaliser en soi-même.

La vie est également en marche pour réaliser l'idéal de l'homme à travers l'espace et le temps. L'idée d'évolution doit pénétrer et vivifier l'enseignement de l'histoire.

L'histoire étudie d'abord les diverses manifestations de la vie économique, sociale et politique. Or, des raisons précises expliquent l'apparition, le développement et la ruine d'une société. Il y a une évolution naturelle de cette société. Celle-ci suit dans son développement le développement de l'enfant. L'enfant d'abord s'appuie complètement sur ceux qui l'entourent; il réalise de plus en plus en lui l'être fort et indépendant, se suffit à lui même. L'idéal que chaque peuple poursuit est de réaliser de plus en plus un état social où l'homme individuel tienne chaque jour une plus grande place. L'humanité semble évoluer suivant cette loi ; les sociétés les plus fortes, à un moment donné de l'histoire, sont celles qui sont les plus solidement organisées sur la valeur individuelle, de l'homme. En un mot, l'histoire sociale et politique a une signification profonde. C'est cette signification qu'il faut retrouver.

L'histoire étudie en outre les diverses manifestations intellectuelles d'un peuple : littérature, art, science, philosophie, morale et religion. Or tout monument de la pensée est un produit non du caprice et du hasard, mais de causes précises. A chaque moment de son existence, un peuple a ses besoins, ses aspirations, son idéal, et les exprime en des œuvres d'art ou de pensée, par des poèmes ou par des statues, par un système de philosophie ou de religion. Son idéal moral évolue avec ses conditions d'existence. Le problème de la vie est posé et résolu d'une façon différente par chaque temps et par chaque milieu. L'histoire des idées n'est pas une simple juxtaposition d'œuvres littéraires, artistiques ou philosophiques ; elle est un progrès, une évolution.

Cette idée d'évolution pénétrant l'histoire donne l'intelligence du passé et l'espérance en l'avenir. Elle prépare les esprits à respecter la tradition, sans s'y figer, et à se tourner vers tout ce que le présent renferme de noble et de généreux.

A côté de l'enseignement physico-mathématique, qui forme « l'esprit de géométrie », nous organiserons ainsi un enseignement biologique, qui éduque « l'esprit de finesse ».

Nos jeunes gens seront alors préparés à comprendre la vie et à réussir dans l'action. Répétons-le, cette éducation vraiment moderne peut être donnée tout en poursuivant les examens et en s'attachant aux programmes. En cherchant à former tout l'homme, nous rétablissons les humanités, que notre temps a si fortement combattues, mais nous les rajeunissons. Nous les traitons, non plus par la méthode littéraire, mais par la méthode scientifique, selon le vœu de M. Lanson. « L'enseignement scientifique s'oriente vers le vrai, non vers le beau, attache plus de prix au contrôle qu'à la prédication des idées; il développe les facultés de raisonnement et d'observation, il habitue aux recherches, aux vérifications méthodiques et patientes, et à ne pas croire que les choses sont parce qu'il nous est agréable ou utile qu'elles soient; il dresse l'individu à ne pas supposer poétiquement ce qu'il est possible de savoir exactement, à tenir compte du labeur et de l'invention des autres hommes, à prendre la suite de leurs efforts, à coordonner son activité à la leur..... La méthode scientifique peut seule améliorer toute la jeunesse d'une nation et lui donner l'esprit de précision et de discipline nécessaire aux œuvres collectives [1]. »

La physiologie et la psychologie méritent aussi une place importante dans une éducation « biologique ».

Les autres sciences nous ouvrent des aperçus sur le monde et sur la vie. La physiologie et la psychologie étudient les lois qui régissent notre être. On peut les enseigner au point de vue de l'érudition ou bien avec une pensée éducatrice, pour tirer d'elles les moyens d'améliorer l'instrument d'action que nous sommes. La physiologie doit aboutir à une hygiène du corps; la psychologie doit constituer une éducation du cœur, de l'intelligence, de la volonté, du caractère.

## La Préparation immédiate à la vie.

Le voisinage de Bordeaux nous permet enfin d'organiser une préparation à la vie pratique.

Une section pratique sera ouverte pour les jeunes gens qui ont passé avec succès le baccalauréat ou qui ont achevé leurs études secondaires sans se soucier des examens; elle comprendra deux années d'études environ.

1. G. LANSON, *L'Université et la société moderne.*

La journée scolaire sera divisée en deux parties. La première sera consacrée au travail intellectuel. Le programme se constituera de géographie économique, d'histoire contemporaine, d'économie sociale, de droit, de sciences appliquées, de langues vivantes.

L'après-midi sera consacrée à un stage dans une banque ou dans une maison de commerce. Un semestre d'été sera occupé aux divers travaux d'exploitation du domaine.

Nos jeunes gens arriveront ainsi à dix-huit ou dix-neuf ans, bien armés pour la vie.

## Dispositions diverses.

L'École de Guyenne s'ouvrira le vendredi 5 octobre 1905. Elle ne prendra que des internes.

Le prix de la pension est de :

2,250 francs jusqu'à onze ans ;

2,500 francs de douze à quinze ans ;

2,800 francs au-dessus de quinze ans, et pour tous les étrangers quel que soit leur âge.

L'école assure « sans frais supplémentaires » tout ce qui est nécessaire à une bonne éducation de l'enfant. La gymnastique, les jeux, le solfège, le chant, le dessin, les livres mêmes sont comptés dans le prix de pension.

Les élèves achètent cependant les atlas et dictionnaires qui doivent leur servir pour toute la période scolaire, et qu'ils ont intérêt à garder plus tard.

L'enseignement de luxe : piano, violon, violoncelle, boxe, escrime, équitation, est à la charge des parents, ainsi que les soins extraordinaires donnés par le médecin en cas de maladie et les frais de dentiste.

La pension est payable par tiers, au début de chaque trimestre. Un trimestre commencé est dû en entier. Quand un élève entre en cours de trimestre, la pension est due seulement depuis la quinzaine où il est entré.

Il n'y a pas d'uniforme. Nous demandons la simplicité dans la tenue ; toute tendance au snobisme serait fortement combattue.

On exige un stage de trois ou six mois à l'étranger dans une école ou dans une famille. Les parents choisissent eux-mêmes, s'ils le désirent, les écoles ou les familles et prennent les charges de ce séjour. Ils peuvent aussi laisser ce soin à l'école, qui perçoit alors directement le prix de pension, et paie tous les frais de séjour, sauf les frais de voyage.

Le nombre des élèves reçus la première année est limité à vingt-cinq, car il importe d'organiser promptement l'esprit de l'école. Cette œuvre n'est aisée qu'avec un nombre restreint d'enfants. Pour la même raison, nous recevrons très difficilement les élèves au-dessus de quatorze ans.

On exige de l'enfant un extrait de l'acte de naissance et, s'il est catholique, de l'acte de baptême.

S'il a passé dans une ou plusieurs écoles, il apportera un certificat du ou des chefs d'établissement.

Un certificat du médecin assurera en outre que dans les trois semaines qui précèdent son entrée il n'a pas eu ni contracté de maladie contagieuse.

Les élèves n'introduiront dans l'école aucun livre ni aucun journal sans l'autorisation du directeur.

Ils n'apporteront ou ne recevront ni sucreries ni friandises. Tout envoi de cette nature serait remis à la maîtresse de maison, qui le distribuerait à toute l'école.

On n'autorise la possession que de faibles sommes d'argent, dix francs par trimestre pour les élèves de moins de quinze ans, et vingt francs au-dessus de cet âge; cette somme, sauf un peu d'argent de poche, sera remise à la maîtresse de maison.

Les élèves correspondent en toute liberté avec les membres et les amis de la famille.

Ils doivent entrer et sortir au jour fixé.

Un bulletin est envoyé aux parents chaque quinzaine avec des renseignements sur le travail, la conduite et la santé des élèves. Un bulletin est envoyé avec plus de détails à la fin du trimestre.

Le directeur tient les parents au courant de tout ce qui intéresse l'instruction et l'éducation de leur fils.

La maîtresse de maison se met en rapport avec eux pour tout ce qui concerne la santé et les soins matériels.

En cours de trimestre, aucune autorisation n'est donnée pour se rendre dans sa famille, sauf pour une raison vraiment exceptionnelle.

Il n'y a pas de « sortie ».

Les élèves ne pourront jamais être distraits d'un devoir scolaire. Les parents sont invités à venir voir leur fils le dimanche; ils jouiront librement de l'école et du parc.

Les vacances sont réparties en trois périodes :

Trois semaines environ à Noël; trois semaines environ à Pâques; et deux mois aux grandes vacances.

Chaque trimestre est coupé par un jour de repos : une petite fête est organisée ce jour-là en hiver; une excursion est faite en été.

La vie est ainsi divisée en deux parties : trois longues périodes de travail sans interruption, où l'enfant subit l'influence de l'école; trois longues périodes de vacances où la famille le reprend, renouvelle ses attaches affectueuses, et retrouve sa propre action éducatrice.

Bordeaux. — Imp. G. Gounouilhou, rue Guiraude.

*Note supplémentaire à la page* 45.

## Demi-Pensionnaires.

Sur la demande de nombreuses familles, la direction acceptera dès la rentrée d'octobre des demi-pensionnaires. Les élèves seront pris le matin et ramenés le soir chez eux aux frais de l'École. Le prix de pension est fixé à 1,500 fr. Il est de 1,800 fr. pour les classes d'examens. Les parents sont invités à se mettre en rapports fréquents avec les maîtres. L'action éducatrice des uns et des autres se combinera de la sorte avantageusement.

———

*Pour les renseignements, s'adresser à M. l'Administrateur de l'École de Guyenne, château de Bourran, Mérignac, près Bordeaux.*

LA DEVÈZE ET LA TOUR DE LOUIS AMÉNAGÉE EN USINE HYDRO-ÉLECTRIQUE